ថែកូនត

ដោយ Sunando C.

Library For All Ltd.

ផែនឯកឯក

កំណែនេះត្រូវបានបោះពុម្ពផ្សាយនៅ 2022

កំណែនេះត្រូវបានបោះពុម្ពផ្សាយនៅ 2022

បានបោះពុម្ពផ្សាយដោយ Library For All Ltd
អ៊ីមែល៖ info@libraryforall.org
URL: libraryforall.org

The Asia Foundation

រូបភាពដើមដោយ Sunando C.

ផែនឯកឯក
Sunando C.
ISBN: 978-1-922844-03-3
SKU02784

ផែកគឯគ

ឆែតឆត! ឆែតឆត! អីយ៉ា!
ខីវ៉ាផ្កាសាយហើយ។

4

ថ្ងៃនេះ ឌីវីយ៉ាមិនអាចផ្ដាសាយបានទេ!
នាងគ្រូតែលេង! នេះជាការប្រកួត
ផ្ដាច់ព្រាត់ដើម្បីដណ្ដើមពានរង្វាន់កីឡា
បាល់ទាត់ដ៏ល្បីល្បាញ។

ផែតឯត ផែតឯត! ពួកគេឈ្មោះ! ពួក
គេឈ្មោះបានពានរង្វាន់កីឡាបាល់ទាត់
ដ៏ល្បីល្បាញនេះហើយ។

ឆែតឆត ឆែតឆត! "ទះដៃមួយ
រូសថាម!" ឆែតឆត ឆែតឆត!
"លេងបានល្អណាស់ ហ្គូរមីត!"

ផែតតត ផែតតត! "ធ្វើបានល្អណាស់
ម៉ូហ៊ុត!" ផែតតត ផែតតត!
"ឯងធ្វើបានហើយ ពូចា!"

ផែតងត ផែតងត! "អបអរសាទរ
អ្នកទាំងអស់គ្នា!"

អា...អាច់ឈឺស!

ឈែកឯក ឈែកឯក! ឌីវីយ៉ាមិន
អាចលេងបាល់ទាត់បានទៀត
ទេហ្មួតទាល់តែនាងបានធូរ
សិន។ ឌីវីយ៉ានឹកមិត្តភក្តិគ្រប់
គ្នារបស់នាងណាស់។

មួយសប្តាហ៍ក្រោយមក... គ្មានផ្កាសាយទៀតទេ! ខីវីយ៉ាចង់ជួប មិត្តភក្តិទាំងអស់របស់នាងណាស់។

ផែតនត ផែតនត! អ៊ូ! អីគេហ្ញឹង?
មើលទៅ រូសថាមដូចជាផ្កាសាយ...
ផែតនត ផែតនត! ហើយហ្ការមឹត...

ផែតននត ផែតននត!...ហើយម្ប៉ុហ្ចិត...
ផែតននត ផែតននត!...
ហើយពួចាក៏ផ្កាសាយដែរ!

អ៊ំ ទេ! គ្រប់គ្នាផ្កាសាយហើយ! ផ្សែតឥត ផ្សែតឥត!

ជំងឺផ្តាសាយបង្កឡើងដោយភាគ
ល្អិតៗដែលគេហៅថាវីរុស។ ពួកវា
អាចអណ្តែតចុះឡើងនៅក្នុងខ្យល់
អាកាសដែលយើងដកដង្ហើម
និងនៅលើវត្ថុដែលយើងប៉ះពាល់។
នៅពេលដែលវីរុសទាំងនោះចូល
ទៅក្នុងច្រមុះ និងបំពង់ក
របស់អ្នកវាធ្វើឱ្យអ្នកឈឺ
បំពង់ក ឬឈឺក្បាល ឬកឹងច្រមុះ
ឬទាំងបីយ៉ាងក្នុងពេលតែមួយក៏មាន!
ជំងឺផ្តាសាយអាចឆ្លងយ៉ាងឆាប់រហ័សពី
អ្នកទៅមិត្តរបស់អ្នក។

ប្រសិនបើអ្នកប៉ះពាល់មិត្តរបស់
អ្នកពេលអ្នកមានជំងឺផ្តាសាយ
ឬកណ្តាស់ ឬក្អកក្បែរពួកគេ
ពួកគេនឹងកើតជំងឺនេះដែរ។
តើអ្នកដឹងទេថា ការក្អក ឬកណ្តាស់
តែមួយដងអាចបាញ់វីរុសចេញពីច្រមុះ
ឬបំពង់ករបស់អ្នកបានចម្ងាយហ្វូត
៣ម៉ែត្រឆ្ងាយទៅក្នុងខ្យល់អាកាស?
ពិតជាគួរឱ្យខ្លាចមែន!

នេះជាវិធីដែលកុំឱ្យអ្នកកើត
ជំងឺផ្តាសាយៈ នៅឱ្យឆ្ងាយពីអ្នក
ដែលមានជំងឺផ្តាសាយធ្ងន់ធ្ងរ។
ប្រសិនបើអ្នកបានដួប ឬចាប់ដៃ
នរណាម្នាក់ដែលមានជំងឺផ្តាសាយ
ត្រូវលាងដៃរបស់អ្នកឱ្យស្អាត។
បើមិនដូច្នោះទេ វីុរសនឹងធ្វើដំណើរ
ចេញពីដៃទៅកាន់ច្រមុះរបស់អ្នកមិន
ខាន។

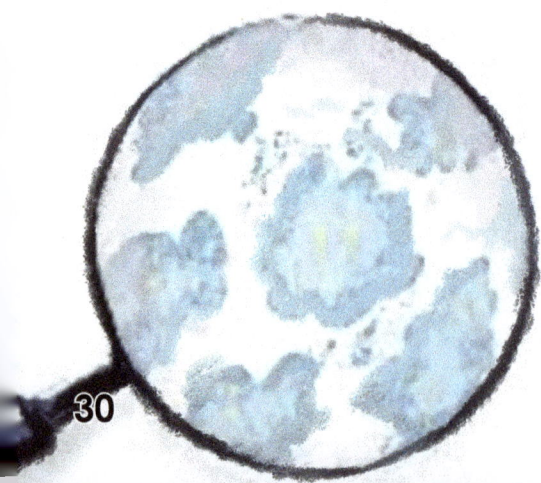

30

កុំប្រើកេរញ៉ុំទឹក សម្ភារញ៉ុំអាហារ ឬ
ស្លៀកពាក់រួមគ្នាជាមួយអ្នកកើតជំងឺ
ផ្តាសាយ។ ញ៉ុំបន្លែ និងផ្លែឈើឱ្យច្រើន
ញ៉ុំទឹកឱ្យបានគ្រប់គ្រាន់
ហាត់ប្រាណ រក្សាកម្ដៅខ្លួន
ហើយត្រូវមានសុខភាពល្អជានិច្ច!

អ្នកអាចប្រើសំណួរទាំងនេះដើម្បីនិយាយ
អំពីសៀវភៅនេះជាមួយគ្រួសារ មិត្តភ័ក្តិ
និងគ្រូរបស់អ្នក។

តើអ្នកបានរៀនអ្វីខ្លះពីសៀវភៅនេះ?

ពិពណ៌នាសៀវភៅនេះក្នុងមួយពាក្យ។ កំប្លែង?
គួរឱ្យខ្លាច? ចម្រុះពណ៌? គួរឱ្យចាប់អារម្មណ៍?

តើសៀវភៅនេះធ្វើឱ្យអ្នកមាន
អារម្មណ៍យ៉ាងណាពេលអានចប់?

តើមួយណាជាផ្នែកដែលអ្នកចូលចិត្ត
ជាងគេនៃសៀវភៅនេះ?

ទាញយកកម្មវិធីអ្នកអានរបស់យើង។
getlibraryforall.org

អំពីអ្នករួមចំណែក

បណ្ណាល័យសម្រាប់ទាំងអស់គ្នា ធ្វើការជាមួយអ្នកនិពន្ធ និងអ្នកគំនូរមកពីជុំវិញពិភពលោក ដើម្បីបង្កើតរឿងប្លែកៗ ពាក់ព័ន្ធ និងគុណភាពខ្ពស់សម្រាប់អ្នកអានវ័យក្មេង។

សូមចូលមើលគេហទំព័រ libraryforall.org សម្រាប់ព័ត៌មាន ចុងក្រោយបំផុតអំពីព្រឹត្តិការណ៍សិក្ខាសាលារបស់អ្នកនិពន្ធ គោលការណ៍ណែនាំការដាក់ស្នើ និងឱកាសថ្មីប្រឈមៗផ្សេងទៀត។

តើអ្នកចូលចិត្តសៀវភៅនេះទេ?

យើងមានរឿងដើមដែលរៀបចំដោយអ្នកជំនាញរាប់រយ រឿងទៀតដើម្បីជ្រើសរើស។

យើងធ្វើការក្នុងភាពជាដៃគូជាមួយអ្នកនិពន្ធ អ្នកអប់រំ ទីប្រឹក្សាប្បធម៌ រដ្ឋាភិបាល និង NGOs ដើម្បីនាំមកនូវ សេចក្តីរីករាយនៃការអានដល់កុមារគ្រប់ទីកន្លែង។

តើអ្នកដឹងទេ?

យើងបង្កើតផលប៉ះពាល់ជាសាកលក្នុងវិស័យទាំងនេះ ដោយប្រកាន់យកគោលដៅអភិវឌ្ឍន៍ប្រកបដោយចីរភាព របស់អង្គការសហប្រជាជាតិ។

www.ingramcontent.com/pod-product-compliance
Lightning Source LLC
Chambersburg PA
CBHW040313050426

42452CB00018B/2825